Die Sterntaler

Ein Märchen der Brüder Grimm

nacherzählt von Christiane Neumann

mit Bildern von Sabine Kranz

www.bennyblu.de

Es war einmal ein kleines Mädchen. Das war ganz alleine auf der Welt. Seine Mutter und sein Vater waren schon vor langer Zeit gestorben.

Das kleine Mädchen war so arm, dass es keine Stube hatte, um darin zu wohnen. Und es hatte auch kein Bettchen, in dem es schlafen konnte.

Eigentlich gehörte dem kleinen Mädchen gar nichts mehr außer der Kleidung, die es trug. Und es besaß ein kleines Stückchen Brot, das ihm ein guter Mensch aus Mitleid geschenkt hatte.

Das Mädchen hatte jedoch ein gutes Herz und war freundlich zu allen Menschen und Tieren. Weil es aber ganz alleine war, beschloss es eines Tages, in die große, weite Welt hinauszugehen.

Das kleine Mädchen war schon eine ganze Weile gegangen, da traf es auf einen armen, alten Mann, der
auf einem Stuhl am Wegesrand saß.

„Ach, ich bin so hungrig", sagte der alte Mann. „Gibst
du mir etwas zu essen?" Das kleine Mädchen reichte
ihm sein ganzes Brot und rief: „Lass es dir schmecken!"
Dann ging es weiter.

Kurz darauf be-
gegnete es einem
Kind. Das sprach:
„Mein Kopf ist
so kalt. Schenkst
du mir deine
Mütze?" Das
kleine Mädchen
zögerte nicht und
gab sie ihm.

„Jetzt brauchst du nicht mehr zu frieren",
sagte es und lächelte freundlich, bevor es
seinen Weg fortsetzte.

Als das Mädchen wieder ein Stück gegangen war, kam ihm ein anderes Kind entgegen. Das hatte keine Bluse an und zitterte am ganzen Körper.

„M-m-mir i-i-i-ist s-s-so k-k-a-a-lt", jammerte das Kind.
Da zog das Mädchen seine Bluse aus und reichte sie ihm.

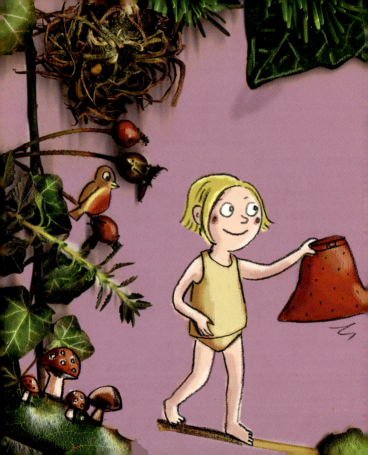

Danach ging das Mädchen weiter.
Nach kurzer Zeit traf es wieder ein
Kind. Das bat um einen Rock. Und
auch diesen verschenkte das kleine
Mädchen. Es dachte gar nicht daran,
dass es nun selbst frieren könnte.

Inzwischen war die Sonne längst untergegangen. Es war dunkel und kalt. Das Mädchen kam in einen großen Wald.

Da begegnete dem
kleinen Mädchen noch
ein Kind, das kein Hemd-
lein trug. Das Mädchen
dachte bei sich:

„Es ist schon dunkel. In der Nacht sieht mich niemand. Da kann ich mein Hemd ruhig verschenken." So zog es sein Hemd aus und gab auch dieses weg.

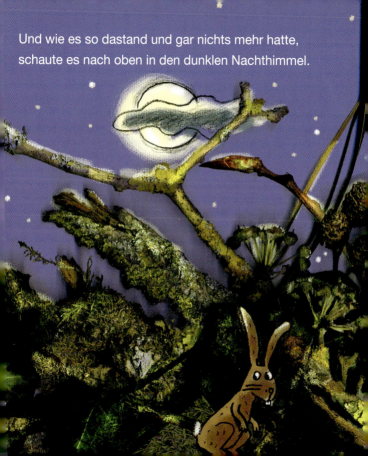

Und wie es so dastand und gar nichts mehr hatte,
schaute es nach oben in den dunklen Nachthimmel.

Da fielen auf einmal die Sterne vom Himmel und das
kleine Mädchen sah, dass es lauter blanke Taler waren.

Und obwohl es sein letztes Hemd weggegeben hatte,
trug es plötzlich ein neues. Das funkelte und glitzerte
und war so schön wie die Sterne.

Das Mädchen sammelte die Taler auf und hatte
nun für den Rest seines Lebens ausgesorgt.

Weitere Titel

Bei **Benny Blu Bambini** findet ihr auch diese Bücher ...

... und noch viele, viele mehr!